창조문학대표시인선 · 290

詩속의 행복을 선물합니다

장 병 진 시조집

창조문학사

□ 추천사

시집출간을 축하드립니다

최 규 학
시인 (사)한국문인협회 부여지부장

　장병진 목사님 시집 『시 속의 행복을 드립니다』 출간을 축하드립니다. 제목에서 알 수 있듯이 시 속에 행복이 가득합니다.
　목사님의 시는 밤새 풀잎이 토해낸 이슬방울같이 맑고 순수합니다. 시어들이 평범하지만, 대상에 딱 맞는 단 하나의 말이 포도알처럼 들어와 박혀 포도송이를 이뤘습니다.
　플로베르의 일물일어설(一物一語說)이 생각납니다. 공자님도 "시삼백 일언이폐지 왈 사무사(詩三百 一言以蔽之 曰 思無邪)" " 시 삼백편을 한마디 말로 하면 생각에 삿됨이 없다는 것이다."라고 하였습니다. 시 창작의 트라이앵글을 고백, 묘사, 발견이라고 할 때 목사님의 솔직한 고백과 거울 같은 묘사 진리의 발견이 구름 지나는 하늘처럼 언뜻언뜻 밝은 빛을 비춰줍니다.

그 밝은 빛이 바로 목사님이 독자들에게 주시고자 하는 시 속의 행복입니다.
 목사님께서는 한평생 오직 한 길 목회자의 길을 걸어오시면서 순수한 정서를 잃지 않고 시와 시조를 쓰셔서 여러 권의 창작집을 출간하셨습니다. 목회자의 길에서 겪으면서 얻은 고난과 행복을 진주처럼 토해낸 것입니다.
 부여에서 진행되는 '홍문표 시 창작 강좌'에 오셔서 공부하시고 발표하시는 모습에서도 많은 울림을 주셨습니다.
 목사님께서 보여주신 삶은 성경 말씀 그대로가 아닌가 합니다.

 "항상 기뻐하라 쉬지 말고 기도하라 범사에 감사하라 이는 그리스도 예수 안에서 너희를 향하신 하나님의 뜻이니라."(살전 5:16-18)

목사님을 통해서 하나님의 뜻이 전달되는 듯 보였습니다. 「서유기」에서 삼장법사가 온갖 고난을 극복하고 천국에 가서 불경을 얻었던 것처럼 목사님께서는 이 세상에서 환란을 당하였으나 담대하셨습니다.
 목회하실 때는 교회에서 말씀으로 행복을 주셨고 목회자의 사명을 마치고서는 시로 행복을 주시고자 하니 참으로 은혜가 넘치는 삶이라 생각합니다. 이러한 은혜가 넘치는 삶 속에서 즐거움이 크므로 장차 늙음이 다가오는 것도 잊고 젊은 열정과 신념을 지킬 수 있으리라 생각합니다.
 시는 언어로 그리는 그림이고 언어로 연주하는 음악이며 언어로 피워내는 꽃입니다.

시가 위대한 것은 아무리 슬픈 사연도 시가 되면 아름다운 그림이 되고, 아무리 화나는 것도 시가 되면 아름다운 음악이 되며, 아무리 아픈 것도 시가 되면 아름다운 꽃이 된다는 것입니다.
　장병진 목사님의 시 속에는 아름다운 그림과 아름다운 음악과 아름다운 꽃이 가득 피어 있습니다.
　앞으로 더욱 좋은 시상으로 더욱 아름다운 시를 쓰시고 더 많은 이들에게 아름다운 행복을 선물해 주시길 기원합니다.

□ 시인의 말

6번째 시조집을 내면서

늙었기 때문에
못 노는 것이 아니지
노는 것을 멈추었기에
늙는 것일 게다

누구는 그냥 늙고
또 누구는 곱게 익는다

늙는 것은
누구든지 할 수 있지만
성숙하는 것은
정성껏 힘을 써야 한다
늙는 것은 필수
성숙하는 것은 노력
보고 싶은 그대여
이 마음 아는가.

2023년 10월 23일

장병진

詩속의 행복을 선물합니다
장 병 진 시 조 집

차 례

□ 추천사
□ 시인의 말
□ 해설
□ 축하의 글

제 1 부 꽃의 노래

억새꽃 ······ 17
고란초 ······ 18
아기의 꽃 ······ 19
삶의 꽃 ······ 20
예쁜 꽃 ······ 21
아내의 국화꽃 ······ 22
해바라기 ······ 23
초겨울의 억새꽃 ······ 24
꽃이 피네 ······ 25
신앙의 꽃 ······ 26
꽃은 말한다 ······ 27
늙음의 향기 ······ 28
꽃 세상 ······ 29
바다에 빠진 꽃 ······ 30
진달래꽃 ······ 31
꽃피우는 삶 ······ 32
봄꽃 ······ 33
아름다운 꽃 ······ 34

詩속의 행복을 선물합니다
장 병 진 시 조 집

제 2 부 신앙의 노래

영생 복 ······· 37
그 분은 ······· 38
감사절 ······· 39
심방 ······· 40
은총 ······· 41
복음 ······· 42
삶이란 1 ······· 43
겨울나무 ······· 44
산제사 ······· 45
단풍 ······· 46
커피 ······· 47
그분과 커피 ······· 48
내가 가는 길 ······· 49
찾아오는 이 ······· 50
공짜 ······· 51
억새꽃 ······· 52
첫눈 묵상 ······· 53
새날의 꿈 ······· 54
세배 ······· 55
하얀 성 ······· 56
문풍지 ······· 57
나뭇잎 ······· 58
고향 마을 ······· 59
봄처녀 ······· 60

詩속의 행복을 선물합니다
장 병 진 시 조 집

제 3 부 삶의 노래

세월 1 ······· 63
그리움 1 ······· 64
삶은 ······· 65
세월 2 ······· 66
그대여 1 ······· 67
삶 1 ······· 68
세월 3 ······· 69
삶 2 ······· 70
그리움 2 ······· 71
삶이란 2 ······· 72
그대여 2 ······· 73

제 4 부 계절의 노래

낙엽 ······· 77
달력 ······· 78
새 희망 ······· 79
고향산 ······· 80
산 속을 걷다 ······· 81
백제의 혼 ······· 82
병아리 ······· 83
나그네 ······· 84
홍시인생 ······· 85
노년 ······· 86
시로야마 공원 ······· 87

詩속의 행복을 선물합니다
장 병 진 시 조 집

미래는 ······· 88
시낭송 날개 달다 ······· 89
그 사람 ······· 90
먼 여행 ······· 91
낭만포차 ······· 92
기다린 그날이 ······· 93
미래는 ······· 94

제 5 부 새로운 삶의 노래

설날 1 ······· 97
진수성찬 ······· 98
그때 그 사람 ······· 99
님이여 ······· 100
이발 ······· 101
설 명절 ······· 102
친구 ······· 103
고드름 ······· 104
송년 ······· 105
삶이란 ······· 106
설날 2 ······· 107
새날 ······· 108
깨끗이 ······· 109
먹는 인사 ······· 110
산수유 ······· 111

詩속의 행복을 선물합니다
장 병 진 시 조 집

제 6 부 작품의 노래

밤하늘 ······· 115
태양은 ······· 116
어머니 ······· 117
추억여행 ······· 118
벼이삭 ······· 119
잡초 ······· 120
겨울 준비 ······· 121
아름다운 태양 ······· 122
다함께 ······· 123
낙엽 인생 ······· 124
작품 ······· 125
돌아보니 ······· 126
외로움 ······· 127
대 보름 ······· 128
석양 ······· 129
해설/ 홍문표: 신앙의 꽃 행복의 노래 ······· 131
축하의 글/ 윤숙희: 시를 낭송과 시로 승화하는
삶 ······· 145

제 1 부 꽃의 노래

억새꽃

저무는
강가에서
춤추는 억새꽃은

떠나온
강물 향해
눈물이 떨어지듯

노인의
백발 흰 구름
잘 살았다 일생을

고란초

절벽에
뿌리 내려
영혼을 움켜쥐고

강물이
출렁이는
백제인 깨우는 혼

낙화암
궁녀들의 넋
우리들은 무궁화

아기의 꽃

꽃처럼
아름다운
아기의 웃음꽃이

눈물의
봄비처럼
꽃처럼 피는 꽃이

복덩이
우리 아기는
매화꽃의 향기다.

삶의 꽃

이른 꽃
아름답고
늦은 꽃 도 예쁘다

이른 비
잘 자라고
늦은 비 열매 맺네

모든 꽃
멋진 삶의 꽃
꽃 인생도 좋아요.

예쁜 꽃

사랑의
씨앗 뿌려
기쁨의 꽃을 본다

마음의
사랑 씨앗
날마다 뿌려 본다

영원히
그 꽃을 본다
무덤속의 예쁜 꽃

아내의 국화 꽃

만추의
뜨락에는
국화꽃 눈부시다

좋은 철
다 보내고
빈 뜨락 향기 채워

국화꽃
피는 까닭을
헤아림은 짧구나.

해바라기

동해를
바라보면
조용히 손을 들어

흔드는
해바라기
바람에 손짓하며

노오란
이념의 푯대
백로처럼 외친다.

초겨울의 억새꽃

한 많은
세월 속에
이제는 은빛 머리

겸허히
받아들여
인내의 시련 속에

오늘은
눈송이처럼
휘날리는 억새꽃

꽃이 피네

산속에
왜 사느냐
얼굴로 대답하네.

계곡물
생명수라
노래로 응답 한다

마음은
한가롭다고
산새들이 노래해

신앙의 꽃

신앙의
물든 시로
자기의 정신세계

영감의
영적 세계
사라지는 언어 예술

신앙인
삶에 꽃으로
활짝 피어 말한다.

꽃은 말한다

예쁜 꽃
말합니다.
한번만 피었다가

시들어
떨어지는
삶이니 웃고 살자

웃으며
살아가는 삶
너와 내가 행복해

늙음의 향기

시들지
않는 꿈을
뜨겁게 가꾸면서

하루를
즐기는 날
한 순간 살아가도

늙음도
풍기는 향기
사랑 향기 날리자

꽃 세상

민들레
바람 속에
씨앗을 날리면서

들에도
산에서도
싹 틔워 호적 신고

흙과 물
받아 기르는
풀꽃들의 꽃 세상

바다에 빠진 꽃

하늘의
바다에서
꽃피어 반짝이고

빠진 달
헤엄치니
눈물이 떨어진다.

은하수
별꽃 많아도
그대의 꽃 못 잊어

진달래 꽃

분홍색
진달래 꽃
얼굴로 나를 반겨

살며시
입 맞추고
꽃가지 품에 안아

그 옛날
생각이 난다
아름답고 예쁜 너

꽃피우는 삶

건강은
저축이고
이자는 행복이다

건강을
잘 관리해
이자로 행복하게

생애의
삶을 가꾸어
꽃 피우는 삶으로

억새 꽃

매화는
소리 없이
향기를 토해 내고

산수유
함께 피어
관광객 치유 하네

정원의
아름다움을
수선화는 말 한다

아름다운 꽃

이곳에
있는 꽃도
저곳에 피는 꽃도

모두 다
아름답다
웃는 다 모든 열매

향기가
아름다운 꽃
옛날의 그 향기가

제 2 부 신앙의 노래

영생 복

십자가
지고 갈 때
곤욕도 당 하리니

예수는
나의 보배
사랑의 빛난 얼굴

영생 복
염려 없겠네
기뻐할 것 뿐일세

그 분은

언제나
지키시고
죄악을 용서하신

은혜가
풍성하고
마음을 지혜롭게

영혼에
말씀 힘 되어
고난, 슬픔 이기네

감사절

숨 쉬는
순간에도
입으로 노래하며

삶으로
섬기면서
인생을 향기롭게

범사에
감사하면서
그 분의 뜻 향하자

심방

영혼의
바다에서
희망의 닻줄 펼쳐

신앙은
노래하고
영혼의 담금질로

늙음도
향기되어
고백하니 들었네.

은총

들 빛이
고운 저녁
노을이 불붙는다.

가난이
풍요로운
어느 날 하루 였다.

오늘이
은총이었다.
혼자 걷는 산책 길

복음

산의 끝
정상이요
물의 끝 바다라오

복음은
땅 끝까지
땅 끝이 시간 멈춤

땅 끝은
모두의 멈춤
주님 영접 영생해

삶이란 1

태풍은 잠시 동안
터널도 잠시 잠깐

견디면 지나간다.
모든 일 지나보면

삶이란
지나고 보면
견딘 만큼 강해져

최악은 최선의 싹
절망은 희망의 싹

오늘을 즐거웁게
사는 이 행복하다

풍랑은
순간입니다
견딘다면 행복해

겨울나무

자연은 있는 모습
솔찍이 보여준다.

물 흘러 얼음 되니
역경의 시련 크다

나목아
하늘을 보라
나의 삶은 맑음을

낙엽을 쓸어 모아
너를 더 생각한다.

없는 너 생각하며
오솔길 잘 가거라.

자연의
언어들이여
흙 한 삽 떠 뿌린다.

산제사

나에게 주실 화평
믿음을 얻기 위해

정성껏 기도하네
온전히 사귀겠네

산제사
드린 후에도
주의 뜻을 따르리

제단에 바친 후에
선한 일 힘 쓰겠네.

말씀의 뜻을 따라
모든 것 희생하리

산제사
드린 후에도
활동하리 언제나

단풍

산 위에 실바람이
고갯길 바람 곁에

가랑 잎 바람 따라
뛰면서 피 토하네

맞아서
피멍이 되어
멍든 자욱 단풍잎

찬바람 쌀쌀하게
잎 파리 가을 향기

낙엽 길 물들여서
하늘로 밀려 가네

갈대 밭
찰랑이면서
물안개는 꽃 피네

커피

따뜻해
그분의 마음처럼

향긋해
그분의 향기처럼

달콤해
그분의 사랑처럼

포근해
그분의 품안처럼

커피도
그분 눈처럼

말하고
있어 좋아요.
처음처럼 언제나

그분과 커피

따뜻해 겉과 속이
그분의 마음처럼

향긋해 겉과 속이
그분의 향기처럼

달콤해
겉과 속에도
사랑하는 그 사람

포근해 겉과 속이
그 분의 품안처럼

커피도 겉과 속이
그 분의 생각처럼

말하고
있어 좋아요
어제 오늘 영원히

내가 가는 길

갈 길을 걸어간다.
보고픈 그리움이

잊을 수 없는 모습
발가락 부르튼다.

참고 또
참으면서도
발바닥이 울어요.

가는 길 걷고 걸어
그대의 삶의 모습

개미의 부지런함
흔적이 보고 싶다

미련이
남아 있어서
걸어갈걸 그랬나.

찾아오는 이

놓치고 싶지 않는
사람이 찾아오면

만남은 행복해요
붙잡고 싶은 사람

마음속
자리 잡은 이
그런 사람 그리워

만남은 다 알기에
만나는 것 아니다

인연은 수용하고
인연은 용납해야

마침내
깨닫게 된다
한 영혼이 눈 뜬다.

공짜

따뜻한 햇볕 공짜
싸늘한 바람 공짜

아침에 일출 공짜
저녁에 노을 공짜

붉은 색
장미도 공짜
하얀 눈도 공짜다

어머니 사랑 공짜
아이들 웃음 공짜

아버지 사랑 공짜
모든 이 믿음 공짜

무얼 더
바라보나요.
욕심 없는 삶 무료

억새꽃

11월의 양지쪽에
웃는 너 억새 친구

바람에 몸을 맡겨
춤추는 너를 볼 때

떠나는
강물을 향해
쉬임없이 손짓해

눈물을 떨 구는 너
바람에 밀려 가네

꽃 피어 날아가는
억새꽃 바라보니

태양도
나이 드는 것
아는 듯이 웃는다

첫눈 묵상

창가에 송이송이
꽃으로 피어난다.

눈꽃이 쏟아지는
첫눈이 목화송이

순백의
여인의 얼굴
수줍음을 들켰네

숨겨 논 푸른 잎에
고요히 앉히고는

솜사탕 사라지네.
아쉬움 내 던지고

화분에
반짝 눈빛에
채워 본다. 사랑을

새날의 꿈

아직도 꿈꾸듯이
기대가 희망으로

부푼 꿈 태양이여
대지에 펼쳐지는

시간의
행보가 계속
이어지게 하소서

어두운 내 마음도
광명이 계속 되어

새 날도 솟아올라
저녁을 멈추어라

연단은
소망 이룬다.
웃는 얼굴 꿈꾼다.

세배

절 받고 덕담하며
세뱃돈 문화 있다

재임 시 세배 온다
세뱃돈 부담 된다

설 명절
세배 문화가
선물로서 대신해

복 많이 받으세요
건강은 관리 철저

예쁘게 답례 한다.
섬기는 예절 문화

한국의
전통문화다
설 세배 돈 웃는다.

하얀 성

그대를 바라보면
저 만치 외면하고

눈송이 모여서는
꽃송이 피워내고

발자국
질긴 인연이
꽃처럼 하얀 인연

가슴에 피어나서
밤마다 마른 영혼

모른 척 하는 건가
온 몸을 적시는 땀

하얀 성
꽃피는 창가에
손짓 발짓 꿈꾸네.

문풍지

문풍지 울어대고
나무도 함께 울어

그림자 침묵하니
창밖에 씽씽 바람

외로운
동지섣달 밤
문풍지는 울더라

창 넘어 부는 바람
허리 춤 파고들어

옛 생각 머문 곳에
산 구름 끝자락에

괴로운
기나긴 밤에
영혼 피어오른다.

나뭇잎

나뭇잎 바라보니
네 인생 내 인생이

비교돼 서럽구나.
연두색 어린 시절

초록색
청년 시절과
노랑 빛이 주황색

물들어 아름답고
갈색이 떨어지니

한 시절 지나가고
황혼 빛 익어가니

나뭇잎
한 시절인데
잘 살자고 다짐해

고향 마을

고향의 산과 들에
무명 꽃 아름다워

어릴 때 살던 곳에
넓은 길 낯 설어도

고향 길
반겨주어도
옛 친구가 그리워

소박한 농심 들이
꿈꾸며 사는 고향

한 계절 머물면서
꽃 피며 꿀맛 같아

흙 내음
부름 받아서
하늘 선택 이 터전

봄 처녀

봄철은 부드럽고
여름은 풍성하고

가을은 쓸쓸하며
겨울은 차가운데

봄 처녀
생명 젖가슴
부드러운 미소라

생명의 계절 봄에
씨앗을 뿌려보자

푸르른 새싹 나고
꽃 피는 아름다움

열매로
자랑하는 날
네 마음의 희망을

제 3 부 삶의 노래

세월 1

옷 마져
벗는 자연
겨울을 이겨 낸다

세월이
쏟아지는
가을의 낙엽 인생

혹독한
겨울을 이겨
매화 같이 향기를

그리움 1

황홀함
움츠러진
마음을 녹여 준다

안일한
틀을 깨야
소망을 이루시고

세월은
사라져 간다
그리움도 한 순간

삶은

불행은
잘못 보낸
시간의 보복이다

성실은
선한 일에
유익한 시간들로

채워서
순간순간을
주어진 때 헌신함

세월 2

옷마저
벗는 자연
겨울을 이겨 낸다

세월이
쏟아지는
가을의 낙엽 인생

혹독한
겨울을 이겨
매화 같이 향기를

그대여 1

우산을
펼쳐 써도
비바람 불어오니

겉옷이
젖어든다
가슴은 뜨거웁게

그대여
가슴이 젖어
뜨거움의 눈물로

삶 1

낙엽이
떨어지듯
세월은 어김없이

누군가
기억 속에
살아온 삶 무엇이

남을까
흙으로 갈뿐
가을빛에 물 드네.

세월 3

젊음도
향기 되니
늙음도 향기 되네.

영감의
안테나를
더 높이 세우려고

영혼의
주름살 남겨
희망 전파 붙잡자

삶 2

산 속에
산새들도
들판에 풀벌레들

아파트
숲속의 새
무지개 꿈속의 너

웃으며
모두의 길은
아름다운 꽃동산

그리움 2

어제의
봄 왔는데
떠난 님 아니 왔어

보고픔
봄에 실어
바람에 태워 이별

뜬 구름
따라 보내고
가슴 속에 담으리

# 삶이란 2

뜻대로
되지 않는
모든 일 우연인가

길동무
좋은 인생
인격의 길잡이라

삶이란
인생 풍년가
불행 씨앗 버리자

그대여 2

한 송이
빨간 장미
눈 속에 남은 모습

그리움
옮겨 놓고
한없이 바라본다.

그대여
한 폭 그림이
될 수밖에 없노라

제 4 부 계절의 노래

낙엽

그 분의
섭리대로
세상은 웃고 운다.

바람이
노래하니
우수수 춤도 춘다.

낙엽을
밟는 소리에
신음소리 정겹다

달력

열두 장
달력 친구
한 장 만 남겨둔 채

싸늘한
겨울 왔네
올 겨울 보낼 걱정

온기로
살아가 보리
추운 세상 따뜻이

새 희망

둥근 달
박꽃처럼
환하게 피어올라

희망과
기쁨주고
삶속에 힘을 준다.

새해엔
소망이루고
꿈 에너지 넘치길

고향 산

삼보산
울긋불긋
마음이 울컥하니

잡초들
심란하여
산짐승 무관심해

웅장한
검은 바위는
잘난 척은 하지마

산속을 걷다

녹색의
산속의 길
조물주 빗속의 길

큰 나무
작은 나무
산새들 재미있고

바람은
내 볼을 만져
힐링 되어 춤춘다.

백제의 혼

수천의
백의 심장
백제의 불이 되어

끝까지
지킨 충정
불꽃이 타오르니

나라의
장군 되어서
황산 벌 지킨다.

병아리

엄마 품 그
리움이
자욱한 가을 안개

솜털을
펼쳐 놓은
흰 구름 이불 덮고

속삭여
병아리 형제
삐약삐약 고 고 고

나그네

지구촌
곳곳에선
허망한 삶을 마감

생명이
살아 있어
하늘이 부르는 날

나그네
삶을 내려서
떠나는 날 오겠지

홍시 인생

감나무
홍시처럼
우리도 익어가니

가을이
아름답고
우아한 빛깔 같이

우리도
익어 가는데
아름답게 물들자

노년

세월을
따라가며
감 같이 익어가며

오늘도
가을 향기
가을에 밀려가네.

황혼 빛
붉은 노을이
눈부시게 빛난다.

시로야마 공원

낙엽을
밟고 가는
향기의 가을 길에

그대의
바람소리
세월아 멈추어라

햇볕은
바람소리와
네 숨소리 들린다.

미래는

미래는
불확실해
그러나 축복이다

미래는
예측 못해
모든 것 가능하다

무한한
가능성 시간
숨어 있다 확실히

시낭송 날개 달다

시간은
뛰어가고
낙엽은 노래하니

노년의
황금빛이
익어서 하는 말이

우리는
아름다움에
취하여서 노래 해

그 사람

이렇게
아파했고
그렇게 사랑했던

눈 감고
보는 사람
그 꽃을 잊지 못해

국화꽃
나 죽기 전엔
잊지 못해 그 사람

먼 여행

그 분의
작품으로
이 땅에 나그네로

길고 긴
여행길에
정류장 머물다가

영원한
그 나라 향해
멋진 여행 가련다.

낭만포차

그리움
출렁이는
여수 앞 바닷가에

야경의
낭만 포차
추억의 향기로움

얼굴에
물들이면서
타오르는 꽃망울

기다린 그날이

기다린
날이 오늘
한 숨을 짓지 말자

일하자
목숨 걸고
비전을 펼치리라

소망이
오늘이라면
꿈을 꾸고 달리자

제 5 부 새로운 삶의 노래

설날 1

창 밖에
세배 인사
소망이 용솟음쳐

새 아침
덕담 인사
새해 삶 뛰며 살자

올해는
웃음꽃 만발
잘 살았다 말하자

진수성찬

물 한잔
진수성찬
벌판도 꽃밭 된다.

관점이
바뀌니까
모든 일 새로워져

변화를
경험할 때는
늙음도 향기 되네

그때 그 사람

어제의
사람들은
돌에다 그림 그려

뭐라고
읽었을까
경험을 재료삼아

오늘을
만들었다고
삶의 흔적 말했다.

님이여

화원을
아름답게
창문을 여는 마음

붉은 빛
꽃 여인아
앞마당 열었구나.

님이여
그대 원하던
깬 잠으로 웃는다.

이발

온 천지
에술 작품
인간은 최고 작품

관상도
변 한다네
이발이 예술이라

이발은
착각 자유다
무재주가 상팔자

설 명절

햇살이
토닥토닥
시낭송 노래 불러

행복한
가족 만남
설 명절 사랑 화목

가족이
모여 시낭송
감상하면 행복해

친구

신혼 때
밥상에는
꽃다발 웃음주고

황혼 때
옆 친구는
약봉지 친구 생겨

생애는
한약과 양약
왔다 갔다 한숨이

고드름

한 겨울
모진 바람
겨울은 차가워도

보는 것
맑음이고
속내를 보여 좋다

겨울은
훤히 보이며
거꾸로 크는 고드름

송년

한 해를
보내는 날
올해 삶 평가 받아

보람은
있으리라
한 해를 보내면서

삶의 질
가치 있으리.
주 오실 때 상급이

삶이란

삶이란
무엇인지
숨 쉬면 삶이라고

전력을
다하여서
땅에서 뛰어가면

저 높은
하늘 향해서
영혼 부름 따르리.

설날 2

내 고향
보고 싶다
외로워 그립구나.

값없이
받은 은혜
설이면 자라 온 곳

또 한해
떡국 먹으며
새 희망을 전한다.

새날

우울한
한 해였다
역병과 싸운 한 해

침묵의
아우성이
우리를 불쌍하게

능력의
옷 입혀주셔
가야할 길 또 본다.

깨끗이

기름을
태운다면
공기가 더러워지고

구름이
없어져야
하늘이 깨끗해져

욕심을
갖지 말아야
마음까지 깨끗해

먹는 인사

어릴 때
고향에는
먹는 것 걱정이다

조반은
먹었는가.
밤사이 탈은 없지

삶이란
생사 확인이
인사였다 사는 것

산수유

모양은
볼 품 없어
이른 봄 미소 짓고

봄 언덕
기어 와서
봄소식 전해주고

웃음꽃
선물 주고는
소리 없이 가시네

제 6 부 작품의 노래

밤하늘

한숨을
엿 듣는 밤
보초병 빛나는 밤

기뻐할
영롱한 빛
달과 별 밤을 주관

사명이
있는 줄 알고
축복하는 밤하늘

태양은

우리도
태양처럼
오늘도 순수하게

언제나
변함없이
뜨겁게 사랑하자

태양은
동쪽 하늘에
아름답게 웃는다.

어머니

온 종일
뙤약볕에
눈물은 밭고랑에

흥건히
쏟으셨고
호미는 아침부터

어머니
묘 앞에 있고
누우신 채 보시네

추억여행

배고파
꽃잎 먹고
소나무 송진 껍과

감나무
꽃을 먹고
도토리 줍던 때의

그 옛날
어린 시절의
추억 여행 꿈같아

벼이삭

햇살이
내려앉고
초목을 뒤흔들며

빗물에
세탁하고
바람이 지나가니

벼이삭
춤을 추면서
풍년가를 부른다.

잡초

태풍이
후려치고
가로수 넘어지나

잡초는
흔들릴 뿐
밟혀도 일편단심

자리를
지키면서도
쓰러져도 일어나

겨울 준비

찬바람
달려오니
하늘은 높고 높아

단풍은
산자락에
빨갛게 불타올라

낙엽을
만들어 가듯
겨울채비 준비해

아름다운 태양

저 멀리
서쪽 언덕
붉은 빛 둥근 해가

산 고개
걸터앉아
숨 쉬며 하는 말이

하늘은
아름다워라
익어가는 사람들

다함께

꿀벌들
분주하고
꿀벌 집 매일 잔치

함께 꿀
모아 가고
함께 꿀 먹고 산다

다함께
소통하면서
꿀벌 가정 공동체

낙엽 인생

바람에
등 떠밀려
낙엽은 뛰어 간다

산기슭
물가에서
낙엽은 시를 읊고

책 속에
누워 잠자는
낙엽 인생 꿈꾼다.

작품

전시장
환영 인사
안내인 따뜻하다

깊은 잠
미세 소리
깨운 잠 일으키니

작품의
존재가치가
노래되어 빛난다.

돌아보니

좋은 날
기뻐하고
괴론 날 돌아보아

두 가지
병행하고
장래일 모르는 일

사는 날
돌아보았네.
여기 까지 도왔네.

외로움

내 마음
빼앗아간
그 사람 없습니다.

한 마디
들어줄 이
무엇이 급하다고

외로움
얼굴 붉힌다.
그대 생각 가슴에

대 보름

복 조리
팔러 다녀
별빛이 동행하니

초승달
배고프니
보름 달 배부르다

달 타령
강강 수 월래
새 희망을 꿈꾸리.

석양

젊음은
자연 현상
노년은 예술 작품

성장의
아름다움
열매는 사랑 인품

인간은
붉은 노을이
곱게 빛나 보인다.

□ 해설

신앙의 꽃 행복의 노래

-장병진 시조집 『詩 속의 행복을 선물합니다』에 부쳐

홍 문 표
시인 비평가 문학박사 전 오산대총장

1. 정통 시조시학

 노년의 중턱에서 마지막 인생길을 달려가는 장병진 시인께서 6 번째 시집 『詩 속의 행복을 선물합니다』를 출간하시었습니다.
 특히 이번 시집에 나오는 작품들 모두가 철두철미하게 정형시조작품의 형식에 맞는 시조집을 내게 됨으로써 한국 정통 시조사학의 자존심을 살리고 있습니다. 장병진 시인의 영혼 속에서 흘러나오는 깨끗하고 맑은 우리 전통 시 쓰기를 보면서 늘 존경과 감탄을 하게 됩니다. 이제 그 아름다운 마음을 더 많은 독자들에게 감동을 주게 되어 진심으로 축하를 드립니다.

 장병진 시인의 6 번째 시조집 『詩 속의 행복을 선물

합니다』는 제 1부에서 6부까지 나누어 각기 다른 주제를 가지고 썼으나 모두 서로 연결되는 내용들로 그만큼 시조작품에 대한 보기 드문 끈질김과 애착을 보이는 역작들입니다. 시조집 구성은 '제 1부 꽃의 노래' '제 2부 자연과 시대의 노래' '제 3부 삶의 노래' '제 4부 계절의 노래' '제 5부 새로운 삶의 노래' '제 6부 작품의 노래'입니다. 모두 '노래'라는 이름을 각부에 붙여 한국시조의 흥겨운 시조창 연원에 접근되어 있음을 보여 줍니다.

이번 시조시집 『詩 속의 행복을 선물합니다』 총 100편의 의미는 바로 시인 자신의 삶과 시학을 드러내는 상징성을 내포합니다. 그것은 완전을 향한 장병진 시인의 시조시학 정신이 응축된 시조작품임을 말하고 있습니다. 따라서 이번 시조집은 우리나라의 전통시조작품에 대한 애착과 소망을 드러낸 것이기도 합니다.

장병진 시인의 작품들은 우선 전통시조작품의 율을 엄격히 지키고 있습니다. 한 작품도 이 전통 시조 작품 율에 어긋나지 아니하고 있습니다. 작품 전체가 3·4·3·4/ 3·4·3·4/ 3·5·4·3라는 전통적인 율을 엄격히 지키고 있다는 말입니다.

최행귀의 역가서문에 이런 구절이 있습니다.

시구강사 마탁어오언칠자(詩構唐辭 磨琢於五言七字)
가배향어 절차어삼구육명(歌排鄉語 切磋於三句六名)

　절차切磋나 마탁磨琢은 퇴고에 퇴고를 거듭하여 작품이 탄생되는 경위를 말하는 것입니다. 우리 조상들은 시시 때대로 우러나오는 서정의 감성을 잘 다듬어서 냈습니다. 이름 하여 3구 6명이라 하였고 오늘날의 시조 작품이 가지는 특징 3장 6구를 말합니다. 장병진 시조시인은 이 율에서 한 치도 어긋나지 않고 있습니다.
　3구 6명에 대한 기록은 강희자전에 구항왕편 조에도 언어장구야 言語長章句也라 하였습니다. 시가에는 장과 구가 분명해야한다는 말이지요. 장병진 시인은 이 리듬을 이번의 시조작품 전편에서도 그대로 따르고 있습니다.

　인용한 시들을 보면 행갈이는 3연 9행의 자유시의 형태를 취하고 있으나 자수율만은 정통 평시조의 율을 엄격히 지키고 있습니다.

　　　동해를
　　　바라보면
　　　조용히 손을 들어

　　　흔드는
　　　해바라기
　　　바람에 손짓하며

노오란
이념의 푯대
백로처럼 외친다.

— 「해바라기」

십자가
지고 갈 때
곤욕도 당 하리니

예수는
나의 보배
사랑의 빛난 얼굴

영생 복
염려 없겠네
기뻐할 것 뿐일세

— 「영생복」

인용한 시들을 보면 행갈이는 3연 9행의 자유시의 형태를 취하고 있으나 자수율만은 정통 평시조의 율을 엄격히 지키고 있습니다. 그리고 이러한 율격은 시집 전편에 동일하게 적용되고 있습니다.

2. 신앙의 꽃 행복의 노래

장병진 시인의 작품들이 보여주는 처음 인상은 꽃의 시인이라는 것입니다. 제 1부에서 보여주듯이 꽃의 시들이 많습니다. '제 1 부 꽃의 노래'에서 만도 억새꽃 ·

고란초 · 아기의 꽃 · 삶의 꽃 · 예쁜 꽃 · 아내의 국화꽃 · 해바라기 · 초겨울의 억새꽃 · 꽃이 피네 · 신앙의 꽃 · 꽃은 말한다 · 늙음의 향기 꽃 · 세상 바다에 빠진 꽃 · 진달래꽃 · 꽃피우는 삶 · 봄꽃 등 아름다운 꽃들이 많습니다. 꽃을 사랑한다는 것은 그만큼 서정적 감성이 풍부하다는 것이고 아름다운 삶을 추구하는 시인이라는 것을 말해 주는 것입니다. 그러나 더욱 중요한 것은 시인자신이 꽃같이 아름답고 순수한 삶을 살겠다는 서정적 고백입니다.

    저무는
    강가에서
    춤추는 억새꽃은

    떠나온
    강물 향해
    눈물이 떨어지듯

    노인의
    백발 흰 구름
    잘 살았다 일생을
                                -「억새꽃」

    이른 꽃
    아름답고
    늦은 꽃도 예쁘다

    이른 비
    잘 자라고

늦은 비 열매 맺네

모든 꽃
멋진 삶의 꽃
꽃 인생도 좋아요.

― 「삶의 꽃」

산속에
왜 사느냐
얼굴로 대답하네.

계곡물
생명수라
노래로 응답 한다

마음은
한가롭다고
산새들이 노래해

― 「꽃이 피네」

  몇 편의 작품에서만 보더라도 그가 부르는 꽃의 노래는 단지 자연의 아름다운 꽃만이 아닙니다. 바로 인생의 꽃입니다. 「억새꽃」이 보여주는 은유도 억새처럼 살아온 인생의 꽃입니다. 「삶의 꽃」은 더욱 분명한 인생의 꽃입니다. "모든 꽃 /멋진 삶의 꽃/꽃 인생도 좋아요."의 구절에서 그의 시적 진실이 꽃 같은 인생임을 잘 보여주고 있습니다. 「꽃이 피네」에서는 "산속에/ 왜 사느냐/ 얼굴로 대답하네."라 하여 얼굴과 꽃을 등가성으로 하여 은유적인 시학의 감각성을 잘 드러내고 있습니다.

그러나 장병진 시인의 꽃은 자연의 꽃이나 인생의 꽃만이 아니라 평생을 주님의 세계를 찬양하며 노래하는 신앙의 꽃이 되어 아름다운 말씀의 향기를 이웃에 전하며 사는 헌신의 삶입니다. 숲 속의 자연에게서 최고의 절정이 한 송이 꽃으로 피는 것이라면 인생에게도 최고의 성공적인 삶은 꽃처럼 아름다운 인격과 꽃처럼 향기나는 삶이 되겠습니다. 그러나 더욱 성공적인 삶은 평생 주님을 섬기며 말씀을 전하며 의롭게 사는 신앙의 꽃으로 사는 것입니다.

>신앙의
>물든 시로
>자기의 정신세계
>
>영감의
>영적 세계
>사라지는 언어 예술
>
>신앙인
>삶에 꽃으로
>활짝 피어 말한다.
>
>―「신앙의 꽃」

>산의 끝
>정상이요
>물의 끝 바다라오

복음은
땅 끝까지
땅 끝이 시간 멈춤

땅 끝은
모두의 멈춤
주님 영접 영생해

- 「복음」

나에게 주실 화평
믿음을 얻기 위해

정성껏 기도하네
온전히 사귀겠네

산제사
드린 후에도
주의 뜻을 따르리

제단에 바친 후에
선한 일 힘 쓰겠네.

말씀의 뜻을 따라
모든 것 희생하리

산제사
드린 후에도
활동하리 언제나

- 「산제사」

 이처럼 장병진 시인의 작품들은 신앙인의 삶이고 꽃으로 활짝 핀 삶이고 말씀을 땅 끝까지 전하여 이 땅에

하늘나라를 완성하는 삶이고 끝까지 주의 제단에 헌신을 다짐하는 삶입니다. 그것은 꽃처럼 아름다운 삶이고 향기 나는 삶이고 노래하는 삶이고 행복이 넘치는 삶이기도 합니다. 그러한 삶의 고백이 이번 시조작품들을 통해 드러나고 있으니 시집 제목처럼 행복의 선물이 되는 것이겠지요.

3. 종장의 묘미

특별히 장병진 시인의 이번 시조시집『꽃속의 행복을 선물합니다』에서 보여주는 형식적 특징은 시조시학의 절대법칙인 시조 종장 첫 구를 3자로 하여 보여주는 시조미학이라 하겠습니다.

장병진 시조 종장 첫 구는 3자의 시조작품 법칙을 잘 지키고 있는데 이는 기존의 전통적인 시조의 가치를 계승하고 있을 뿐만 아니라 시조의 제목이나 내용과도 밀접한 관계를 갖고 있는 키워드라는 점에서 더욱 작품의 묘미를 드러내고 있는 시어입니다.

과거에는 초창과 중장의 분위기를 일신하고 호흡을 가다듬는 상투어를 많이 사용해지만 현대 시조에서는 작품의 마무리를 드러내는 중요한 기능을 담당하고 있습니다. 우선 제목이 동일한 어휘를 사용한 경우로 「그대여 1」「그대여 2」에서 연속 "그대여"를 종장 1구에서 반복 연속합니다. 대상에 대한 깊은 애정을 시어로 드러내는 경우라 하겠습니다. 「삶이란 1」에서는 제목과 같이 "삶이란" 「삶 2」에서도 역시 "삶이란"으로 같은 시어를 반복합니다. 이러한 시법은 「나그네」, 「님이여」, 「외로움」, 「다함께」, 「달콤해」, 「산제사」, 「어머니」, 「태양은」 등의 작품도 종장 첫 구를 제목과 동일하게 반복하고 있습니다. 이렇게 제목과 동일한 종장 첫 구는 작품의 제목을 다시 강조하여 청자에게 강한 인상을 주겠다는 창작 전략일 것입니다.

한편 제목과 다른 종장 첫 구를 사용한 경우도 많습니다. 예컨대 작품 「삶 1」에서는 "남을까" 「삶 2」에서는 "웃으며" 「설날 1」에서는 "올해는" 「설날 2」에서는 "또 한해"로 「감사절」에서는 "범사에" 「늙음의 향기」에서는 "늙음도" 「낙엽」이 "낙엽을", 「나뭇잎」이 "초록색"을 「돌아보니」가 "사는 날"을, 「대 보름」이 "달타령"을 「노년」이 "황혼빛" 등은 제목과 동일하지는 않지만 제목과 유사성을 갖고 있어 친밀감을 느끼게 합니다. 한편 「겨울 준비」에서 "낙엽을" 들어 늙음 이미지와 동일시합니다. 이러한 시적 심상의 아름다움은 아내를 일컬어 「그 사람」이라 하고 "국화꽃"이란 은유를 통해 아내의 깊은 의미를 선명한 이미지로 드러내고 있습니다.

  시인은 유별나지 않은 일상의 주위 이야기를 시화하고 이를 절제된 형식 시조에 넣는 묘미의 작가입니다. 그만큼 숙련의 미를 장식합니다. 큰 바위 얼굴처럼 친근한 시어 「그때 그 사람」에서 "오늘을" 보고 「꽃 세상」에서 "흙과 물"을 봅니다. 「고향 마을」에서 인생이 "고향 길"을 걸어야 함을 알리고 "흙 내음"이 기나긴 인생길에서 가장 우선됨을 알립니다. 「꽃이 피네」에서는 "마음은"을 건져내며 「꽃피우는 삶」에서 "생애의" 기록을 세웁니다. 「봄꽃」에서 "정원의" 아름다움을, 「꽃은 말한다」에서 "웃으며"의 주제를 건져 올립니다. 신앙시인 「그 분은」 작품에서는 "영혼에" 깃드는 평안을 건져냅니다. 혹독한 「겨울나무」에서 "나목아"라 불러주며 "자연의" 순리를 깨닫습니다. 인생이란 「낙엽 인생」 속에서 "책 속에" 있는 참 기운을 얻습니다. 비록 인생의 혹독한 삶이지만 이 안에 「기다린 그 날이」 가치를 갖게 되는 "소망이" 있음을 설파합니다. 이러한 표현들은 작품의 주제를 다양하게 드러내는 기법이라 하겠습니다.

  이처럼 장병진 시인의 종장 첫 구의 3자는 고전시조처럼 상투적인 감탄사를 사용하는 것이 아니라 매 작품

마다 그 작품의 주제나 제목과 어울리는 핵심단어를 사용함으로써 오히려 작품의 중심을 드러내는 주제어가 되고 있습니다.

한 사람의 생애는 처음과 끝이 있음과 같이 시조작품은 그 끝이 있습니다. 장병진 시조시인은 인생의 가치를 그의 시조작품으로 선물하고 있습니다. 시조(時調) 이름이 가지는 시조(時調) 곧 일상의 그때그때 일어나는 마음의 정서를 잘 지키면서도 종장에서 임의 마무리하는 책임 있는 종장을 있게 하여 작품의 완성도를 높이고 있습니다.

이상에서 보듯이 장병진 시조시인의 이번 시조시집 『詩 속의 행복을 선물합니다』가 보여주는 시학적 성과는 우선 한국의 고유한 정통의 시조형식을 잘 갖춘 3장6구의 작품집이라는 것입니다. 둘째로 시집 전체를 주도하고 있는 주제는 성공적인 인생이란 무엇인가 평생을 목회자로 살아온 자신의 삶을 돌아보며 정말 바람직한 삶이란 무엇인가. 그것은 꽃과 같은 인생 꽃처럼 향기 나는 인생이라는 것이다. 그것이 바로 행복의 선물이고 행복의 노래라는 것입니다. 셋째로 그는 시조를 쓰면서 특히 3장 첫 구의 의미에 비중을 두어 독자적인 시조창작의 미학을 개척하고자하였습니다.

다시 한 번 시조시집 발간을 축하하며 아름답고 풍요로운 시조와 함께 노년의 삶이 더욱 꽃의 향기로 가득하기를 기원합니다.

□ 축하의 글

시를 낭송과 시로 승화하는 삶

윤 숙 희
시 낭 송 가

　인생의 희노애락이 녹아 있는 시를 낭송으로 승화하는 장병진 목사님은 시낭송 하는 목사님으로 알고 있었습니다. 그래서인지 시낭송을 하는 저에게는 더 큰 친밀감으로 다가 왔습니다.

　어느 날 논산문화원 문화학교 시창작반에 강의 들으러 갔을 때 맨 앞줄에서 중절모를 쓰시고 온화한 미소로 맞아 주시며 열심히 공부 하시는 장병진 목사님을 처음 뵙게 되었습니다.

　그때도 강의를 하루도 빠짐없이 열심히 공부 하시는 모습을 보고 나이는 숫자에 불과하다는 생각이 들었습니다. 목사님을 제대로 알고 보니 시집을 여러 권 내신 시인이자 낭송가였다는 사실에 또 한 번 놀라지 않을 수 없었습니다. 낭송가로 활발하게 활동하시고 또 시인으로 등단 하셔서 주옥같은 시를 쓰고 계신 멋진 목사님이 저에게는 참 인상 깊고 존경스러웠습니다.

목사님의 시 속에서 느껴지듯이 하나님의 사랑처럼 온유하고 넉넉한 평온함을 주는 시는 많은 독자들에게 잔잔한 큰감동을 주리라 생각합니다.

목사님의 삶의 실타래를 엮어 만든 열정과 노력의 결과물이 많은 독자들에게 큰사랑을 받기를 바랍니다. 시집 발간을 다시 한 번 기쁜 마음으로 축하드립니다. 시집 출간을 축하드립니다.

詩속의 행복을 선물합니다

장 병 진 시조집

2024년 1월 5일 인쇄
2024년 1월 5일 발행

지은이 장 병 진
펴낸이 신 용 호
펴낸곳 창조문학사

서울 서대문구 홍은동 397-26 동천아카데미 5층
등록번호 제1-263호
　　　전화 374-9011, Fax 374-5217
공급처 한국출판협동조합 전화 716-5616~9

저자와 협의에 의해 인지를 생략합니다.
파본은 바꾸어 드립니다.
　　값 10,000원
　　　ISBN 978-89-7734-805-9